AF269863

G.O.A.T. EN EL TENIS

SERENA WILLIAMS, ROGER FEDERER Y MÁS

JON M. FISHMAN

ediciones Lerner ◆ Mineápolis

ediciones Lerner
Una división de Lerner Publishing Group, Inc.
241 First Avenue North
Mineápolis, MN 55401, EE. UU.

Si desea averiguar acerca de niveles de lectura y para obtener más información, favor consultar este título en www.lernerbooks.com.

Fuente del texto del cuerpo principal: Aptifer Sans LT Pro.
Fuente proporcionada por Linotype AG.

Library of Congress Cataloging-in-Publication Data

Names: Fishman, Jon M., author.
Title: G.O.A.T. en el tenis : Serena Williams, Roger Federer y más / Jon M. Fishman.
Other titles: Greatest of all time in tennis
Description: Minneapolis : ediciones Lerner, [2025] | Series: Lerner sports en español. Lo mejor del deporte de todos los tiempos | Includes bibliographical references and index. | Audience: Ages 7–11 years | Audience: Grades 2–3 | Summary: "Grab your racket, head to the courts, and ace that serve! It's time to learn about the greatest tennis players of all time. Readers will be presented with exciting stats in a fun top-10 format. Now in Spanish!"—Provided by publisher.
Identifiers: LCCN 2023057474 (print) | LCCN 2023057475 (ebook) | ISBN 9798765624012 (lib. bdg.) | ISBN 9798765627952 (pbk.) | ISBN 9798765631027 (epub)
Subjects: LCSH: Tennis players—Rating of—Juvenile literature. | Tennis—Juvenile literature.
Classification: LCC GV996.5 .F5718 2025 (print) | LCC GV996.5 (ebook) | DDC 796.342092/2—dc23/eng/20231220

Fabricado en los Estados Unidos de América
1-1010042-51851-12/21/2023

CONTENIDO

PRIMER SAQUE

A los fanáticos del deporte les gusta pensar sobre los deportistas estrellas y hacer una clasificación de los mejores de todos los tiempos (G.O.A.T.). Pero en el tenis es difícil hacer un ranking con los mejores jugadores de todos los tiempos. Las personas han jugado al tenis moderno durante unos 150 años. Pero los orígenes del deporte se remontan mucho más atrás que eso.

DATOS DE INTERÉS

BJÖRN BORG ganó Wimbledon cinco años seguidos.

CHRIS EVERT ganó más del 90 por ciento de sus partidos profesionales.

En 2020, **RAFAEL NADAL** empató con Roger Federer con 20 victorias en campeonatos mayores.

SERENA WILLIAMS ostenta el récord moderno con 23 victorias en torneos mayores.

En el siglo XI en Francia, las personas jugaban *jeu de paume*. Con las manos, los jugadores golpeaban una pelota contra una pared o por encima de una soga. Tiempo después, los deportistas comenzaron a usar guantes gruesos y palmeados o paletas de madera para golpear la pelota. En el siglo XVI, las raquetas reemplazaron a los guantes y a las paletas.

En 1874, un funcionario militar británico escribió un libro con las reglas que se convirtieron en la base del tenis moderno. El deporte formó parte de los Juegos Olímpicos del Verano de 1896 a 1924.

Para la década de 1930, cuatro grandes torneos se habían convertido en los eventos más importantes del deporte. Estos eran el Abierto de Australia, el Abierto de Francia, el Abierto de Estados Unidos y Wimbledon. En 1938, Don Budge ganó los cuatro torneos mayores. Se convirtió en el primer jugador en asegurarse el Grand Slam. El tenis volvió a los Juegos Olímpicos en 1988.

La superficie de las canchas de tenis varían según el evento. La mayoría son de césped, de polvo de ladrillo o de cemento. Wimbledon es un evento con cancha de césped, y el Abierto de

Las personas han jugado al tenis moderno durante más de 100 años. Aquí, los aficionados miran un partido de tenis en 1922.

Francia se juego en polvo de ladrillo. El Abierto de Estados Unidos y el Abierto de Australia son eventos que se juegan sobre cemento.

Miles de hombres y mujeres juegan al tenis profesional. ¿Cómo eliges al G.O.A.T.? La larga historia del deporte, su gran cantidad de jugadores asombrosos y la variedad de los eventos de tenis hacen que elegir no sea fácil. ¡Continúa leyendo para saber más sobre algunos de los mejores jugadores de tenis!

BJÖRN BORG

En su infancia en Suecia, a Björn Borg le encantaba jugar al hockey. Cuando llegaba el verano y se derretía el hielo, agarraba una raqueta de tenis. Al principio, Björn siempre agarraba la raqueta con las dos manos, como si fuera un palo de hockey. A medida que practicaba más, aprendió que podía dar mejores golpes de derecha con una sola mano en la raqueta. Pero a diferencia de la mayoría de los mejores jugadores, usó las dos manos para los golpes de revés durante toda su carrera.

Borg sobresalió en el tenis y se profesionalizó en 1973 a los 17 años. Rápidamente alcanzó la cima del mundo del tenis profesional. Ganó el Abierto de Francia en 1974. En ese momento, era el jugador más joven en ganar ese torneo mayor. Volvió a ganarlo en 1975. Luego, a partir de 1978, ganó el Abierto de Francia cuatro veces seguidas. Borg se retiró del tenis profesional en 1983 con solo 26 años.

ESTADÍSTICAS DE BJÖRN BORG

► El récord de Borg en la competencia individual fue de 606–123.

► En 1976, Borg se convirtió en el hombre más joven en ganar Wimbledon.

► Ganó la competencia individual de Wimbledon todos los años desde 1976 hasta 1980.

► Borg ganó 11 campeonatos mayores.

► Terminó su carrera en competencias individuales en el Abierto de Francia con un récord de 49 a 2.

PETE SAMPRAS

Pete Sampras nació el 12 de agosto de 1971 cerca de Washington, DC. En 1978, se mudó con su familia a California y comenzó a jugar al tenis. A los 14 años, Pete adoptó un revés con una mano con estilo profesional. También mejoró su saque. Los cambios transformaron a Pete en uno de los jugadores con un golpe más fuerte del tenis. Como profesional, sus saques por lo general superaban las 130 millas (209 km) por hora.

Sampras ganó su primer campeonato mayor el día que cumplía 19 años. En la final del Abierto de Estados Unidos de 1990, venció a la superestrella Andre Agassi. Sampras se convirtió en el hombre más joven en ganar el Abierto de Estados Unidos.

Las canchas de polvo de ladrillo no lo beneficiaban, y nunca ganó el Abierto de Francia. Pero en las canchas de césped y cemento, pocos jugadores podían igualar su potencia. Sampras ganó Wimbledon siete veces, el Abierto de Estados Unidos cinco veces y el Abierto de Australia dos veces.

ESTADÍSTICAS DE PETE SAMPRAS

- ► El récord de Sampras en competencias individuales fue de 762–222.

- ► Ganó 14 torneos individuales mayores, por lo que ocupa el cuarto lugar en la historia del tenis masculino.

- ► Sampras fue el jugador masculino número uno en el ranking desde 1993 hasta 1998.

- ► Ganó 64 competencias individuales profesionales.

- ► Recibió más de $43 millones en premios.

ROD LAVER

Mientras crecía, Rod Laver era bajo y muy delgado. Se movía con tal lentitud que otro jugador lo llamó el Cohete en broma. Cuando se convirtió en profesional, Laver se movía con mayor rapidez que cuando era un niño. Pero era más pequeño que la mayoría de sus oponentes. Laver ganaba superando en trabajo a los otros jugadores. Jugaba con un estilo rápido e intenso y siempre seguía luchando.

Laver daba a la pelota un golpe llamado topspin. Este golpe con efecto hacía que la pelota girara mientras volaba al campo rival. El topspin hacía que la pelota tocara la cancha con mayor rapidez. Eso le permitía a Laver golpear las pelotas con más potencia y que igualmente cayeran dentro de la cancha. Su espíritu y habilidad le ayudaron a ganar el Grand Slam como amateur en 1962. Luego volvió a ganarlo en 1969 como profesional. Laver es el único jugador de tenis de la historia que ganó dos Grand Slam en competencias individuales.

ESTADÍSTICAS DE ROD LAVER

- ► El récord de Laver en competencias individuales fue de 576–146.

- ► Ganó 200 competencias profesionales y amateur.

- ► Laver fue el jugador número uno en competencias individuales en el mundo desde 1964 hasta 1970.

- ► Ganó 11 títulos individuales en torneos mayores.

- ► Fue el primer jugador de tenis profesional en ganar $1 millón o más en premios en dinero.

CHRIS EVERT

Chris Evert comenzó a jugar al tenis a los seis años de edad. Aprendió de su padre, Jimmy Evert, que era jugador profesional de tenis y entrenador. Su padre le enseñó a algunos de los mejores tenistas del mundo, como Jennifer Capriati, que ganó tres veces torneos mayores. Pero Chris probó ser su mejor alumna. De adolescente, comenzó a vencer a jugadoras profesionales que estaban entre las mejores. Las demás jugadoras notaban su estilo tranquilo y confiado. Chris siempre trabajaba mucho y nunca se relajaba durante un partido.

Evert jugaba sus mejores partidos en polvo de ladrillo. Entre agosto de 1973 y mayo de 1979, ganó todos los partidos que disputó en polvo de ladrillo. La racha de victorias que duró 125 partidos es un récord de todos los tiempos para un jugador profesional en una sola superficie. También se desempeñó bien en el Abierto de Estados Unidos. Ganó el título seis veces y terminó segunda tres veces. Las 101 victorias en partidos en el Abierto de Estados Unidos fue el mayor número entre todas las jugadoras hasta que Serena Williams alcanzó las 102 victorias en 2020.

ESTADÍSTICAS DE CHRIS EVERT

- ► Evert tuvo un récord en competencias individuales en su carrera de 1304–144.

- ► Marcó un récord por ganar más del 90 por ciento de sus competencias profesionales.

- ► Evert ganó 18 torneos individuales mayores. Comparte lugar con Martina Navratilova en el tercer puesto en la lista femenina de todos los tiempos.

- ► En 1984, se convirtió en la primera jugadora profesional en ganar 1000 partidos o más.

- ► Entre 1972 y 1989, Evert ocupó el cuarto lugar o un puesto más alto en los rankings mundiales.

NOVAK DJOKOVIC

Durante su infancia en Belgrado, Serbia, Novak Djokovic disfrutaba del esquí y del fútbol. Pero a partir de los cuatro años, el tenis se convirtió en su pasión. En la escuela primaria, comenzó a trabajar con la entrenadora de tenis Jelena Genčić. Mientras sus amigos hacían tonterías y jugaban después de la escuela, Novak practicaba tenis. Ni la lluvia ni la nieve detenían su práctica. Practicaba incluso en los días festivos.

Cuando tenía 14 años, Novak se convirtió en el campeón europeo de competencias individuales y dobles de su grupo por edad. Djokovic se convirtió en jugador profesional en 2003. Su primera victoria en un torneo mayor fue en el Abierto de Australia de 2008. Tanto en 2011 como en 2015, ganó todos los torneos mayores, excepto el Abierto de Francia. Luego Djokovic ganó el Abierto de Australia en 2016 y el Abierto de Francia. Aunque no ganó las competencias el mismo año, Djokovic se convirtió en el primer jugador campeón de los cuatro torneos mayores a la vez desde Rod Laver en 1969.

ESTADÍSTICAS DE NOVAK DJOKOVIC

- ► El récord de Djokovic en las competencias individuales es de 932–190.

- ► Es el tercer jugador de todos los tiempos con más títulos en torneos individuales mayores, con 18 victorias.

- ► Djokovic recibió más de $145 millones en premios.

- ► Ganó 81 competencias individuales.

- ► Djokovic ganó una medalla de bronce en los Juegos Olímpicos en Pekín, China, en 2008.

MARTINA NAVRATILOVA

Martina Navratilova tuvo una de las carreras más largas y exitosas en la historia del tenis. Comenzó su carrera profesional en 1973 a los 16 años. A los 25, había ganado tres títulos individuales en torneos mayores. Concentrándose en la comida saludable y el entrenamiento del cuerpo, comenzó a dominar el mundo del tenis.

Navratilova terminó su carrera con 18 títulos individuales en torneos mayores. Ocupa junto con Chris Evert el tercer lugar de todos los tiempos. Pero esa es solo una parte del récord increíble de Navratilova. Ganó 31 títulos en dobles en torneos mayores, el mayor número en la historia del tenis. También ganó 10 títulos en dobles mixtos en torneos mayores. En conjunto, Navratilova es la dueña del récord de todos los tiempos del tenis masculino y femenino, con 59 campeonatos mayores. Su título final llegó cuando ganó en dobles mixtos en el Abierto de Estados Unidos en 2006. Un mes antes de su cumpleaños número 50, Navratilova se convirtió en la jugadora de más edad en ganar un torneo mayor.

ESTADÍSTICAS DE MARTINA NAVRATILOVA

► El récord combinado de Navratilova en competencias individuales y dobles fue de 2189–362.

► Sus 2189 victorias son un récord que no fue superado nunca.

► Navratilova ganó 167 títulos en competencias individuales y 177 en dobles.

► Ganó Wimbledon una cantidad récord de nueve veces, que incluye seis años seguidos.

► Navratilova ganó el premio a Jugadora del Año en siete ocasiones.

Steffi Graf nació en Mannheim, Alemania Occidental, el 14 de junio de 1969. Creció en una familia de tenistas. Antes de los cuatro años, los padres le regalaron a Steffi una raqueta. Era tan pequeña que tuvieron que cortarle el mango a la raqueta para que la use. Comenzó a golpear pelotas de tenis con su padre en la sala de la familia. Steffi jugó su primer torneo a los cinco años. Ganó el evento un año después.

La carrera profesional de Graf comenzó cuando tenía 13 años. En 1983, se ubicó en el puesto número 90 en el mundo. Alcanzó el primer puesto en 1987 y no ocupó un puesto menor al segundo durante más de 10 años. En 1988, Graf ganó los cuatro torneos mayores y completó el Grand Slam. En los Juegos Olímpicos de octubre, ganó la medalla de oro en la competencia individual femenina. Este logro asombroso se llamó el Slam de Oro.

ESTADÍSTICAS DE STEFFI GRAF

► Graf terminó su carrera profesional de competencias individuales con 900 victorias y 115 derrotas.

► Ocupa el segundo lugar con 22 títulos individuales en torneos mayores.

► Entre 1988 y 1996, Graf ganó Wimbledon siete veces.

► El récord profesional de Graf incluye rachas de victorias de 64, 46, 45 y 44 partidos.

► Es la única jugadora femenina en ganar cada torneo mayor al menos cuatro veces.

RAFAEL NADAL

A algunos tenistas les gusta la velocidad de la cancha de cemento. Otros se sienten más cómodos en el césped. Rafael Nadal prefiere el polvo de ladrillo. Ganó el Abierto de Francia por primera vez en 2005, y comenzó una racha de cuatro victorias seguidas allí. A partir de 2010, ganó el Abierto de Francia cinco veces seguidas. Luego lo ganó cada año desde 2017 hasta 2020. Las 13 victorias de Nadal en el Abierto de Francia son el máximo que ha obtenido un jugador en un torneo mayor.

Un motivo del éxito de Nadal es su golpe de derecha increíble. En polvo de ladrillo, la pelota rebota más alto y más lentamente que en otras superficies. Los rebotes grandes y lentos le permiten a Nadal ponerse en posición para disparar su golpe de derecha. Pero no necesita una superficie de polvo de ladrillo para ganar torneos mayores. Ganó el Abierto de Australia en 2009, dos títulos de Wimbledon y cuatro campeonatos del Abierto de Estados Unidos.

ESTADÍSTICAS DE RAFAEL NADAL

- El récord en competencias individuales de la carrera de Nadal es de 1002–202.

- Con 20 títulos en competencias individuales mayores, Nadal ocupa junto con Roger Federer el primer lugar en la lista de los tenistas masculinos.

- Juega con la mano izquierda y con frecuencia usa un revés con las dos manos.

- Nadal ganó 86 competencias individuales profesionales.

- El partido del campeonato de 2020 fue la victoria número 100 de Nadal en el Abierto de Francia.

ROGER FEDERER

Roger Federer nació en Basilea, Suiza, y amaba los deportes. Cuando tenía 12 años, decidió centrarse en el tenis. Pasaba unas 10 horas por semana practicando tenis y entrenando el cuerpo. En 1988, Federer jugó su primer partido profesional de tenis. Tenía 17 años. En 2003, ganó Wimbledon y se convirtió en el primer hombre de Suiza en ganar un título en un torneo mayor.

La victoria de Wimbledon fue la primera de cinco títulos seguidos que ganó Federer en el evento. Lo venció Rafael Nadal en la final de 2008. Pero Federer reapareció con fuerza en 2009 y ganó Wimbledon por sexta vez en siete años. Ha estado en 31 finales de torneos mayores en su carrera, de las cuales ganó 20. De sus 11 derrotas en finales, 10 fueron con Nadal o Djokovic.

ESTADÍSTICAS DE ROGER FEDERER

- ► Federer está empatado con Rafael Nadal en primer lugar en la lista masculina de todos los tiempos con 20 victorias en competencias individuales en torneos mayores.

- ► Federer ganó 1242 partidos individuales en su carrera y perdió solo 271.

- ► Ha sido número uno del ranking mundial durante 310 semanas. Eso es más que cualquier otro tenista masculino en la historia.

- ► A los 36 años, Federer se convirtió en el tenista masculino de mayor edad en ubicarse en el puesto número uno del mundo.

- ► Ganó 103 competencias individuales profesionales.

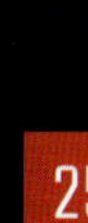

SERENA WILLIAMS

A los cinco años, Serena Williams ya estaba en camino a convertirse en una superestrella del tenis. Con su padre como entrenador, Serena y su hermana Venus practicaban durante horas todos los días. Como jugadoras profesionales, las hermanas Williams formaron un equipo con el que dominaron en dobles. En 1999, ganaron títulos en dobles en el Abierto de Francia y en el Abierto de Estados Unidos. Al año siguiente, ganaron la medalla de oro en las Olimpíadas en dobles. En total, las hermanas Williams

Serena Williams (*izquierda*) y Venus Williams (*derecha*)

ganaron tres medallas de oro olímpicas en dobles y 14 títulos de torneos mayores en dobles.

El récord de Serena Williams en competencias individuales es aún mejor. Ganó su primer torneo mayor individual en el Abierto de Estados Unidos en 1999. En 2002–2003, obtuvo el Serena Slam al tener los cuatro títulos de torneos mayores a la vez. Volvió a hacerlo en 2014–2015. Sus 23 campeonatos individuales en torneos mayores superan a cualquier otro tenista moderno. El éxito asombroso de Williams en los eventos más importantes del tenis mundial hacen que sea la más grande de todos los tiempos.

ESTADÍSTICAS DE SERENA WILLIAMS

- ▶ El récord combinado de Williams en competencias individuales y dobles es de 1033–181.

- ▶ Ganó la medalla de oro individual en los Juegos Olímpicos de 2012.

- ▶ Williams ganó 73 eventos individuales y 23 competencias en dobles.

- ▶ Recibió más de $93 millones en premios en dinero.

- ▶ A los 35 años, Williams se convirtió en la mujer con más años en llegar a ser número uno del mundo.

TU G.O.A.T.

¡ES TU TURNO DE HACER TU PROPIA LISTA DE LOS G.O.A.T.! Piensa en los tenistas de este libro. Cada uno llegó a la cima a su manera. Algunos usaban golpes grandes y poderosos para ganar. Otros jugaban con energía asombrosa, siguiendo cada pelota y sin rendirse nunca. Reordena los jugadores o haz una lista con otros para crear una lista con los 10 mejores según tu opinión.

Muchos grandes jugadores que han ganado torneos mayores y marcado récords asombrosos no están incluidos en este libro. Explora la sección Más Información en la página 31 para descubrir más sobre algunos de ellos. Retira libros de tu biblioteca sobre tenistas y torneos. Busca más información en línea, y habla con tus amigos a quienes les guste el tenis. ¿Quiénes creen ellos que son los jugadores G.O.A.T.? ¿Qué tenistas agregarías a tu lista de los 10 mejores? Todo depende de ti.

ALGUNOS DATOS SOBRE EL TENIS

► El partido de tenis profesional más largo tuvo lugar en Wimbledon en 2010. John Isner venció a Nicolas Mahut en un partido que duró 11 horas y 5 minutos durante tres días.

► En 1988 Steffi Graf ganó el partido individual femenino más corto. Venció a Natalya Zvereva en la final del Abierto de Francia en solo 32 minutos. Zvereva marcó solo 13 puntos contra Graf.

► Las pelotas de tenis solían ser blancas. Para hacer que sea más fácil verlas en televisión, los eventos de tenis profesional cambiaron a las pelotas amarillas en la década de 1970. Pero en Wimbledon se usaron pelotas blancas hasta 1986.

► Martina Hingis ganó el Abierto de Australia en 1997 cuando tenía 16 años. Eso la convirtió en la segunda persona más joven en ganar un torneo mayor. A los 15, Lottie Dod ganó en Wimbledon en 1887.

GLOSARIO

amateur: que practica un deporte sin recibir un pago

cancha de cemento: un tipo de cancha de tenis que por lo general es de concreto o asfalto

competencia individual: un partido de tenis con un jugador de cada lado

dobles: un partido de tenis con dos jugadores de cada lado

dobles mixtos: un partido de tenis con un hombre y una mujer en cada lado

final: el partido que define el campeón de un torneo

golpe de derecha: un golpe de tenis hecho con la palma de la mano girada en la dirección en la que se está moviendo la mano

Grand Slam: ganar los cuatro torneos mayores en un año

profesional: que recibe un pago para practicar un deporte

revés: un golpe de tenis hecho con el dorso de la mano girado en la dirección en la que se está moviendo la mano

sacar: golpear la pelota para comenzar a jugar

topspin: un movimiento de la pelota que hace que rote hacia adelante en la dirección en la que se está moviendo

torneo mayor: el Abierto de Australia, el Abierto de Francia, el Abierto de Estados Unidos o Wimbledon

MÁS INFORMACIÓN

Ahrens, Niki. *Serena Williams: Tennis Superstar*. Mineápolis: Lerner Publications, 2022.

Derr, Aaron. *Individual Sports of the Summer Games*. Egremont, MA: Red Chair, 2020.

International Tennis Hall of Fame
https://www.tennisfame.com

London, Martha. *Legends of Women's Tennis*. Burnsville, MN: Press Box Books, 2021.

10 Fun Facts about Wimbledon
https://www.sikids.com/the-arena/10-fun-facts-about-wimbledon

Tennis Facts for Kids
https://kids.kiddle.co/Tennis

ÍNDICE

CRÉDITOS POR LAS FOTOGRAFÍAS